Proyección astral

Desvelando los secretos del viaje astral y teniendo una experiencia voluntaria extracorpórea, que incluye consejos para ingresar al plano astral y cambiar a una conciencia superior

© **Derechos de autor 2019**

Todos los derechos reservados. Este libro no puede ser reproducido de ninguna forma sin el permiso escrito del autor. Críticos pueden mencionar pasajes breves durante las revisiones.

Descargo: Esta publicación no puede ser reproducida ni transmitida de ninguna manera por ningún medio, mecánico o electrónico, incluyendo fotocopiado o grabación, o por cualquier sistema de almacenamiento o recuperación, o compartido por correo electrónico sin el permiso escrito del editor.

Aunque se han realizado todos los intentos por verificar la información proporcionada en esta publicación, ni el autor ni el editor asumen responsabilidades por errores, omisiones o interpretaciones contrarias con respecto al tema tratado aquí.

Este libro es solo para fines de entretenimiento. Las opiniones expresadas son solo del autor y no deben tomarse como instrucciones de expertos. El lector es responsable de sus propias acciones.

La adherencia a todas las leyes y normativas aplicables, incluidas las leyes internacionales, federales, estatales y locales que rigen las licencias profesionales, las prácticas comerciales, la publicidad y todos los demás aspectos de la actividad comercial en EE. UU., Canadá, Reino Unido o cualquier otra jurisdicción es responsabilidad exclusiva del comprador o lector

Ni el autor ni el editor asumen responsabilidad alguna en nombre del comprador o lector de estos materiales. Cualquier parecido con cualquier individuo u organización es pura coincidencia.

Tabla de contenido

INTRODUCCIÓN 1

CAPÍTULO 1: ¿QUÉ ES LA PROYECCIÓN ASTRAL? 2

CAPÍTULO 2: QUÉ DEBE SABER ANTES DE PROBAR LA PROYECCIÓN ASTRAL Y QUÉ PODRÍA ESTAR FRENÁNDOLE 7

COMER 7

    HIDRATARSE 8

    MEDITAR 8

    VISUALIZAR 10

    MIEDO 10

    DUDA 11

CAPÍTULO 3: LAS MEJORES TÉCNICAS DE PROYECCIÓN ASTRAL Y CÓMO REALIZARLAS 12

    ESPACIO 12

    RESPIRACIÓN 14

    MEDITACIÓN 15

    ETAPA VIBRACIONAL 16

    VISUALIZAR EL MOVIMIENTO 17

    LA PROYECCIÓN ASTRAL 19

CAPÍTULO 4: ¿CÓMO PUEDO VOLAR Y QUÉ HACER DESPUÉS? 25

CAPÍTULO 5: ¿CUÁL ES LA DESVENTAJA DE LA PROYECCIÓN ASTRAL? 29

    UNA 29

    OTRO 29

    EL SUEÑO LÚCIDO 31

CAPÍTULO 6: PREGUNTAS FRECUENTES SOBRE LA PROYECCIÓN ASTRAL 33

    ¿CUÁNTO TIEMPO LLEVA AL PROYECTO ASTRAL? 33

    ¿NECESITO PROTEGERME DE ALGUNA MANERA? 34

    ¿CÓMO PUEDO SABER SI FUNCIONÓ? 34

    ¿ESTOY LOCO POR CREER EN LA PROYECCIÓN ASTRAL? 35

    NO HE SIDO CAPAZ DE LOGRAR LA PROYECCIÓN ASTRAL ¿QUÉ PUEDO HACER? 35

    ¿ES POSIBLE CAMBIAR DE CUERPO CON OTRA PERSONA? 37

    ¿HAY ALGUNA DROGA O SUSTANCIA QUE PUEDA TOMAR PARA AYUDAR CON LA PROYECCIÓN ASTRAL? 37

    ¿SON LAS EXPERIENCIAS CERCANAS A LA MUERTE UN TIPO DE PROYECCIÓN ASTRAL? 37

    ¿CUÁNDO ES EL MEJOR MOMENTO PARA LA PROYECCIÓN ASTRAL? ... 38

CONCLUSIÓN 39

Introducción

En este libro, aprenderá los conceptos básicos del antiguo término de la proyección astral, o "experiencia extracorpórea", en el que una persona abandona su cuerpo voluntariamente. Es decir, la conciencia, o cuerpo astral, es capaz de dejar el cuerpo físico y puede moverse como una entidad separada. Como seres humanos, tenemos la capacidad de iniciar y controlar esta experiencia (es por eso que la palabra "voluntario" es tan importante, esta es una experiencia voluntaria). Todo lo que se requiere es una mente abierta y la disposición a aprender, a dejar de lado lo que creemos saber para permitirnos experimentar un mayor grado de conciencia.

Los siguientes capítulos analizarán qué es exactamente la proyección astral, qué debe saber antes de intentarlo, cómo tener la mejor experiencia posible, qué le puede impedir entrar en el plano astral, las desventajas de la proyección astral y las preguntas más frecuentes. ¡El objetivo es ayudar a garantizar que obtenga todo el conocimiento que necesita antes de comenzar la fascinante práctica de la proyección astral!

Capítulo 1: ¿Qué es la proyección astral?

Antes de comenzar con la proyección astral, es necesario, por supuesto, saber qué es exactamente la proyección astral. Una buena definición que usaremos aquí es que la proyección astral es una experiencia espiritual intencionada y fuera del cuerpo. Es decir, el cuerpo astral de una persona se separa del cuerpo físico. La persona que experimenta la proyección astral es consciente y está involucrada con lo que está sucediendo.

Los seres humanos han estado interesados en la separación de la mente y el cuerpo desde el principio de los tiempos. Ha sido mencionado por civilizaciones incluyendo el antiguo Egipto, China, India y tribus amazónicas. La idea de que podemos experimentar conceptos tan desconocidos ciertamente ha capturado nuestra imaginación. La ciencia ficción siempre ha sido un tema popular en la literatura, la televisión y las películas. Los intereses paranormales son un tema normal y fascinante para las personas.

La atracción de la proyección astral es obvia. Si bien experimentamos e interactuamos con el mundo físico y sus habitantes todos los días, la idea de un mundo espiritual, desconocido y enérgico, situado más allá de una división, pero aún accesible para los seres humanos, tiene un atractivo irresistible. Las personas son intrínsecamente exploradoras, viajeras y aventureras, después de todo. Esto hace que la idea de que la humanidad explore lo desconocido sea tan antigua como la historia de la humanidad misma.

El cuerpo astral puede considerarse el enlace entre el espíritu o alma y el cuerpo físico. Es el componente espiritual animado de la conciencia humana, parte del alma que aún se puede separar. Debido a este estado único, las personas pueden viajar fuera de sus cuerpos. El alma es incapaz de dejar el cuerpo, ya que sin él, la persona moriría. Esto también hace que la proyección astral sea diferente de las experiencias cercanas a la muerte, que ocurren cuando el alma *realmente* abandona el cuerpo por un corto tiempo. Las experiencias cercanas a la muerte también son involuntarias, en oposición a la naturaleza consciente de la proyección astral.

Se debe considerar que todas estas experiencias tienen lugar internamente y que el ser astral y el cuerpo físico *en realidad* no se separan. Esta pregunta no puede responderse definitivamente, ya que nunca podrá haber una prueba definitiva de la proyección astral. No hay manera de tomar fotografías durante la proyección astral, por dar un ejemplo. Esto no debe considerarse como una disminución de la importancia o posibilidad de viajar fuera del cuerpo. Esta práctica es muy conmovedora y personal para muchas personas, y el conocimiento y los sentimientos que experimentan son muy reales.

Usted viajará a través del plano astral, que también se conoce como el mundo espiritual. Es un nivel de existencia paranormal más allá de lo que nunca sabremos en el mundo físico donde vivimos nuestras vidas cotidianas. Es uno de los siete planos definidos por algunos como un área evasiva del ser. Los otros seis planos son etéricos / físicos (este es el plano donde existe la vida humana), causales / mentales, esenciales, espirituales, monádicos y "manifiestos". Las proyecciones astrales aquí discutidas solo involucran el plano astral, que es el más cercano a nuestro mundo físico.

¿Cuáles son algunos beneficios de la proyección astral? Uno es el despertar y el crecimiento espiritual, el conocimiento de que la existencia es mucho más que lo que está presente en el mundo físico. En el reino astral, podemos ver cosas inimaginables, conocer e interactuar con otras personas y seres, moverse sin obstáculos a través del tiempo y el espacio. Similar a como viajar por el mundo es considerado un medio positivo para el crecimiento personal, viajar por el mundo astral puede funcionar de la misma forma. Si el crecimiento personal en un nivel espiritual es su meta, entonces la proyección astral es una gran posibilidad para usted. Aprenderá que la conciencia no requiere un cuerpo físico para prosperar. Esto puede realmente alterar la vida de muchas personas, ya que esa idea va en contra de lo que entendemos acerca de nuestra existencia.

Una y otra vez, las personas reportan sentimientos abrumadoramente positivos como resultado de la proyección astral. Estos incluyen que se sienten:

- Más seguros de sí mismos
- Más agradecidos por la vida
- Con una sensación de paz interior
- Menos estrés y tensión
- Más enérgicos

La mayoría de nosotros estaría de acuerdo en que, si hubiera una "píldora mágica" que pudiera ofrecer alguno de estos resultados, estaríamos más que felices de tomarla. De hecho, probablemente haríamos todo lo posible para ponerlo en nuestras manos. Esa es otra manera de pensar en la proyección astral. Ofrece a sus practicantes estos beneficios de una manera segura. Para repetir, la persona está en control todo el tiempo. Realmente no hay efectos secundarios, y ciertamente nada cuestionable o peligroso, como lo que se puede encontrar en algunas "píldoras mágicas". Y no requiere una receta médica.

Siempre tenga en cuenta que las experiencias de cada uno serán diferentes, al igual que las experiencias de cada persona en este plano son diferentes. Hay suficiente información para que podamos suponer cómo será la proyección astral, pero no hay dos personas que tengan la misma práctica.

Es posible que usted descubra que desarrolla un interés en vidas pasadas a través de su trabajo. A través de sus viajes espirituales y su mayor conciencia, se abrirá a nuevas vías de conocimiento que posiblemente no haya tenido previamente.

¡Otro beneficio de la proyección astral es la amistad que puede hacer con personas en el mundo físico "real"! En Internet, hay numerosos sitios de fans, canales de YouTube, foros y otros lugares para personas que están interesadas y que practican la proyección astral. En un mundo donde el aislamiento social y la soledad son cada vez mayores, esta es una consideración importante. Cuando el tema es algo que puede ser mal interpretado y controvertido, como la proyección astral, es aún más imperativa. Las personas en su vida pueden no entenderle, o tal vez incluso creen que las experiencias extracorpóreas pueden ser despectivas, desinteresadas o pueden burlarse de su nuevo interés, haciéndole sentir aislado y solo. Ya que sin duda lo estará pasando muy bien en el ámbito astral, puede ser decepcionante y frustrante no tener personas con las que pueda compartir su entusiasmo. Afortunadamente, seguro podrá encontrar personas con ideas afines en línea que serán alentadoras, interesadas y que apoyen sus experiencias. Muchas veces, las personas que inicialmente se reúnen en línea deciden encontrarse en la vida real, formando amistades profundas. Incluso puede decidir visitar el reino astral con algunos de sus nuevos amigos. ¡Por qué no si todo es posible! Solo piense en cuán profundas e intensas serán estas experiencias cuando se compartan con otras personas que son tan apasionadas y entusiasmadas como usted.

Trate de ser comprensivo y compasivo hacia las personas en su vida que no apoyan su interés en el reino astral. Es muy probable que su reacción se base en el miedo a lo desconocido, en lugar de cualquier problema específico con la proyección astral. Depende de usted comprender que el lado espiritual de esas personas simplemente no está tan desarrollado como el suyo y se comportan en consecuencia.

Puede que sea más fácil simplemente no hablar sobre eso con ellos, ya que esto evitará que ambas partes tengan algunas situaciones incómodas e incluso argumentativas. No es su trabajo educar a nadie que no esté interesado, y no es el trabajo de nadie más cambiar de opinión acerca de sus creencias. Es mucho más fácil y más positivo mantenerse alejado del tema con ciertas personas y es mucho mejor que eliminar a las personas de su vida solo porque difiere de la opinión sobre este tema.

Si su interés crece, es muy probable que pueda encontrar clases, ya sea en línea o en su comunidad, que puedan ayudarle a desarrollar sus habilidades y conocimientos aún más. Se le recomienda que aproveche cualquier oportunidad que pueda encontrar para ayudar a desarrollar su conciencia. Los beneficios son demasiados para mencionarlos, y al convertirse en una mejor persona, estará haciendo su parte para hacer del mundo un lugar mejor. No todos pueden decir eso, pero usted puede y debe estar orgulloso de ese hecho.

Tenga en cuenta que la proyección astral es diferente de la parálisis del sueño. Es decir, cuando la persona está en un estado de conciencia, pero no puede mover el cuerpo. Solo dura unos minutos antes de que la persona recupere el control de su cuerpo. Se considera un estado de estar entre despierto y dormido, por lo tanto, es algo similar al estado hipnagógico, y ocurre con mayor frecuencia cuando se duerme o se despierta por primera vez. La diferencia aquí, por supuesto, es que cuando usted está en el estado hipnagógico, tiene el control total, pero en la parálisis del sueño, es el resultado opuesto. La parálisis del sueño es aterradora cuando ocurre, pero se considera que es relativamente inocua y no se recomienda ningún tratamiento.

Capítulo 2: Qué debe saber antes de probar la proyección astral y qué podría estar frenándole

Comer

Al igual que con cualquier actividad física y/o mental, es crucial que se prepare físicamente. La mejor manera, más fácil y efectiva de hacer esto es comer una dieta adecuada. No es necesario seguir un plan de alimentación especial ni nada por el estilo antes de comenzar la proyección astral, pero definitivamente debería pensar en la comida como combustible para su cuerpo. Debe comer lo más limpio posible y evitar la comida empaquetada y chatarra tanto como pueda. A lo largo de este proceso, va a pedir mucho a su ser físico y necesitará que su cuerpo esté lo más preparado posible. Sin una nutrición adecuada, usted puede comenzar a sentirse cansado rápidamente y perderá la concentración. Concéntrese en comer frutas y verduras frescas, proteínas magras (aléjese de la carne roja, si es posible), granos integrales, frijoles, legumbres, y grasas saludables. Evite el azúcar, la cafeína, los alimentos procesados, las comidas rápidas y el alcohol, y definitivamente se recomiendan los alimentos orgánicos. No ingiera comidas grandes y pesadas justo antes de la proyección astral, ya que la digestión puede desviar la energía del cuerpo de la tarea en cuestión.

Hidratarse

Tan importante como comer bien es beber suficiente agua. Es esencial mantener su cuerpo hidratado, ya que el agua mantiene su cuerpo funcionando correctamente. Usted nunca pensaría en hacer ejercicio sin beber agua, y puede ser útil pensar en prepararse para la proyección astral de una manera similar. El agua regula todos los sistemas del cuerpo, y sin ella, simplemente no trabajamos de la misma manera. No hay ninguna regla que diga que usted debe tomar X cantidad de agua en un día. Es más importante entrenarse para pensar que el agua es realmente la única bebida que debe tomar. Evite las bebidas azucaradas, con cafeína y con gas, y tome agua con las comidas. Tampoco debe esperar hasta que sienta sed para beber agua, ya que esto indica que su cuerpo ya tiene pocos líquidos. ¡Beber mucho agua ayudará a su cuerpo a prosperar durante la proyección astral!

Si beber únicamente agua no es lo suyo, puede agregar té a su menú. El té blanco es su mejor apuesta porque es el menos procesado y retiene los beneficios más naturales, seguido de los tés verde y negro. El té tiene antioxidantes, puede disminuir su riesgo de sufrir un derrame cerebral o un ataque cardíaco, y es bueno para su sistema inmunológico y digestivo. También es caliente y calmante, lo que puede hacer maravillas para nuestra comodidad. Hay una razón por la que los británicos son conocidos desde hace mucho tiempo por sentarse con "una taza" en momentos de estrés y problemas.

Meditar

Existen numerosos beneficios comprobados referentes a la meditación, y puede ser una herramienta extremadamente útil en la proyección astral. Algunas de las mejores razones para meditar son la reducción del estrés, el aumento de la compasión, la mayor concentración y la conciencia, y una mayor sensación de calma y de sí mismo. Todo esto le ayudará a tener una proyección astral exitosa. Con la meditación, está entrenando a su cerebro para que se relaje conscientemente e ignore las distracciones. Para las personas que recién comienzan a meditar, se recomienda encontrar una meditación guiada que le guste, ya que tener una instrucción experta puede ser una técnica de enseñanza invaluable. Hay innumerables opciones en línea, por lo que usted puede probar tantas como quiera. Le puede llevar un tiempo encontrar uno bueno; es importante ser paciente y entregarse a la experiencia. Al final, ¡los beneficios superarán las frustraciones!

También es una gran idea practicar la meditación por su cuenta. Un método popular de meditación inicial se conoce como la técnica de respiración 4-7-8. Es muy sencilla y directa. Para comenzar, siéntese en un lugar tranquilo, en cualquier lugar donde no le molesten. Puede sentarse en una silla o en el piso, posiblemente con algunas almohadas para su comodidad. Siéntese derecho, cierre los ojos y respire por la nariz durante cuatro veces. Aguante la respiración y cuente hasta siete, luego exhale por la boca contando hasta ocho. Preste atención a cómo se siente su cuerpo, cómo puede sentir el aire que entra y sale de sus pulmones. Piense en inhalar lo bueno y exhalar lo malo. Usted se sentirá relajado mientras su mente se aclara, ¡aquí es donde quiere estar! Si siente que su mente comienza a divagar, siempre vuelva al conteo de 4-7-8, ya que concentrarse en esto le ayudará a evitar que se distraiga. La práctica de la meditación es una preparación ideal para la proyección astral. Usted aprenderá a concentrarse y a enfocarse mientras se relaja y entra en un estado claro de ser.

Otra técnica inicial para la meditación consiste simplemente en concentrarse en una cosa específica, cualquier cosa que elija el profesional. Puede repetir una palabra o un mantra en su mente, seguir su respiración o escuchar un ruido blanco en el fondo. Esto debería ser cualquier cosa que le permita enfocarse en el acto de meditación, y al que pueda regresar rápidamente si encuentra que sus pensamientos están vagando.

Visualizar

Usted también querrá pasar tiempo visualizándose en el reino astral. Es exactamente como suena: practique viéndose a sí mismo separado de su cuerpo. Esto le permitirá ganar más control y confianza cuando realmente esté experimentando una proyección astral y hará que la transición sea mucho más suave.

Obstáculos

El hecho de que a usted le interese y se prepare para la proyección astral indica que está abierto a la experiencia y que tiene muchas posibilidades de éxito. Sin embargo, hay obstáculos que pueden interponerse en su camino.

Miedo

La idea de emprender una proyección astral suena aterradora. Hay tanto que se desconoce sobre el plano astral. Incluso si siente que ya sabe mucho al respecto y ha hablado con numerosas personas sobre sus experiencias, no es lo mismo que experimentarlo de primera mano. La experiencia de cada persona será diferente, y hay una gran cantidad de personas desconocidas en este ámbito. Eso es parte de lo que hace que la proyección astral sea tan intrigante, pero también la hace aterradora. Para combatir los sentimientos de miedo, se recomienda que se dé suficiente tiempo para prepararse. Es comprensible que esté emocionado y no pueda esperar para comenzar, pero tiene sentido hacer todo lo que pueda de antemano para garantizar su éxito. Una vez más, la meditación es un recurso increíble que hará maravillas en la preparación de su viaje. Tómese cinco minutos aquí o allá, siempre que pueda, enfoque su mente y tome confianza. A medida que entrena su mente, ganará fuerza mental y más control sobre sí mismo. Es muy similar a un atleta en el entrenamiento, y se puede pensar como la forma en que se preparan. Verá los beneficios mientras se prepara de manera inteligente y atenta. Incluso puede sorprenderse al sentirse mejor, más fuerte y más seguro en su vida diaria e interacciones con los demás. Verá los beneficios mientras se prepara de manera inteligente y atenta. Incluso puede sorprenderse al sentirse mejor, más fuerte y más seguro en su vida diaria e interacciones con los demás.

Duda

¿Qué pasa si la proyección astral no es real? Independientemente de cuán profundamente pueda creer en ella, es más que comprensible si aún se pregunta si hay algo allí. No desea invertir tiempo en investigación y preparación solo para terminar sintiéndose decepcionado y tonto.

Es imposible garantizar que cualquier persona pueda ingresar al reino astral. Lo que hay que recordar es que realmente depende de usted tener una proyección astral exitosa. Toda persona es capaz de hacerlo, pero solo a través de la preparación, la investigación y la creencia, realmente sucederá. Recuerde esto, y será capaz de sofocar la duda. Debe mantener la mente abierta y creer en lo que está haciendo. La duda puede hacer todo lo posible para frenarle o incluso detenerle, pero recuerde que su pasión es más fuerte que la duda.

También recuerde que incluso si su proyección astral no se ve o siente como pensó que lo haría, eso no significa que haya sido un fracaso. Trate de apreciar la experiencia por lo que fue, siéntase agradecido y espere volver a hacerlo. ¡La actitud lo es todo!

Capítulo 3: Las mejores técnicas de proyección astral y cómo realizarlas

Todas estas técnicas le permitirán perseguir la proyección astral, ¡pero pueden llevar tiempo! No se desanime si se encuentra pensando en otras cosas, simplemente vuelva a concentrarse en la tarea en cuestión. Como con cualquier otra cosa, todo esto requiere práctica, dedicación y diligencia. Sin embargo, la recompensa estará allí cuando logre su objetivo y logre la proyección astral. Solo recuerde ser paciente. Ya sea en minutos o días, ¡lo logrará!

Espacio

Asegúrese de estar en un lugar que esté absolutamente libre de distracciones. No puede haber nadie hablando en el fondo. No se reproducen teléfonos celulares, televisores ni música. No hay mascotas tratando de llamar su atención, no hay nada. Estos ruidos de fondo normales y cotidianos evitarán que se centre en liberar su cuerpo astral y garantizará que no pueda lograr sus objetivos. No importa lo que cueste, debe asegurarse de que su entorno sea propicio para una empresa espiritual y pacífica. Tal vez envíe a todas las personas de su hogar al cine durante un par de horas, apague sus aparatos electrónicos y aproveche este momento para usted. No solo se mejorará su proyección astral, sino que descubrirá que el simple hecho de cuidarse a sí mismo le dará beneficios en su vida diaria. El cuidado personal es una clave importante para el desarrollo espiritual y para vivir una vida feliz.

También querrá decorar su entorno para que sea propicio para la relajación y libre de negatividad. Tener algunas plantas de hojas verdes y saludables alrededor ayudará a limpiar el aire, creará una sensación de paz y, en general, enriquecerá su entorno. Algunas plantas que son conocidas por atraer energía positiva son el romero, el jazmín, el aloe vera y la orquídea, entre otras. Tener flores frescas en su espacio también se sumará a las vibraciones positivas. Quemar incienso puede ser un gran truco para guiar su estado de ánimo en cierta dirección. También puede usar aceites esenciales en un difusor para crear una disposición positiva en su entorno. Los mejores aromas para fomentar la relajación, la función cerebral y la positividad son la lavanda, la canela, la valeriana, la vainilla, el pino y el jazmín. Se sorprenderá de cómo la inhalación de estas fragancias le ayudará a relajarse y concentrarse en la emocionante aventura que está emprendiendo.

Dependiendo de la profundidad de su interés, puede incorporar la práctica del Feng Shui para atraer energía positiva a su hogar. Esta es una práctica que le permite lograr un equilibrio al mismo tiempo que maximiza su posible logro de éxito, todo al ajustar su espacio vital. Por ejemplo, los muebles no deben bloquear las puertas y ventanas para fomentar el flujo de energía libre y sin impedimentos entre las habitaciones. Además, la colocación de los accesorios de iluminación puede incrementar el equilibrio y el soporte, y los espejos pueden utilizarse para optimizar la energía. Las velas también son un gran accesorio y son mucho más calmantes que las luces brillantes. La luz suave y parpadeante es un gran trasfondo para la meditación y el viaje espiritual que usted está haciendo. Fomenta el ambiente de ensueño, suavemente definido que necesitamos. Definitivamente usted puede usar velas perfumadas en las mismas fragancias descritas anteriormente. Sin embargo, se recomienda que solo use un accesorio perfumado a la vez, así que no combine velas, incienso, aceites con esencias y/o cualquier otra cosa. Olerá abrumadoramente fuerte y probablemente le distraiga, interfiriendo así con su viaje astral.

Los cristales curativos son una gran adición a su arsenal espiritual. Contienen poderes conectados a miles de años de la historia de la Tierra, todos ellos para ayudarle a unirse a fuerzas superiores. Los cristales emanan fuerzas hermosas y pacíficas que realmente le ayudarán a elevarse a un plano más alto. Puede usarlos como decoraciones en su espacio para recordarle que se concentre y se enfoque en su estado vibratorio. Llévelos con usted para que sirvan como talismán, brindándole algo en lo que concentrarse, sin importar dónde se encuentre. Incluso puede sostener cristales en sus manos durante la meditación y usarlos para ayudar a enfocar y respirar. El estudio de los cristales de curación es fascinante y complejo, y agregará mucho a su práctica espiritual si elige incluirlo.

Respiración

Concéntrese en su respiración. No permita que su mente divague, si lo hace, regrese a su respiración. Prestar atención a su respiración es a menudo difícil de dominar para las personas, acostumbradas como lo estamos a las distracciones diarias y las tareas múltiples. Piense "inhalar" cuando inhala y "espire" mientras exhala; esto le ayudará a mantenerle enfocado en sus respiraciones. A algunas personas también les gusta contar cada respiración mientras la toman. Enfóquese en sus respiraciones llenando y relajando su cuerpo. Necesita que su cuerpo comience a sentirse extremadamente relajado y casi desconectado. También debe practicar la respiración consciente durante períodos de 15 minutos todos los días. Puede parecer que necesitará dedicar mucho tiempo a la proyección astral y sus actos asociados, pero debe saber que estos pueden incorporarse fácilmente en su vida diaria. Incluso pueden combinarse para que, obviamente, esté respirando mientras hace todo lo demás. ¡De lo contrario, usted no estaría vivo! Esta es solo una recomendación para agregar atención plena en todas partes, incluso al simple acto automático de respirar.

Meditación

Esta es una parte muy importante de la proyección astral, como se señaló anteriormente. Sin poder meditar adecuadamente y pasar a un estado más profundo de conciencia, es posible que sus intentos fracasen. La meditación no solo es muy importante para la relajación, sino que también ayuda a preparar el cuerpo y la mente para la próxima separación. Esto es naturalmente estresante, especialmente cuando se es nuevo en la proyección astral, y el estrés y el miedo pueden interferir y prevenir una experiencia exitosa.

Vale la pena presentar brevemente la idea de los chakras, a la que volveremos más adelante en este libro. Hay siete chakras, o centros de energía, en el cuerpo. Son raíz, sacro, plexo solar, corazón, garganta, tercer ojo y corona. Si los centros de energía se obstruyen debido a la actividad vibratoria negativa, puede atrofiar su crecimiento espiritual y su capacidad para ingresar al reino astral o hacer que tenga una experiencia menos positiva cuando esté allí. Una forma de ayudar a despejar los chakras es meditar en el color, ya que cada chakra tiene un color asociado. Pase hasta cinco o diez respiraciones pensando en estos colores, y tomará medidas excelentes para aumentar positivamente el flujo de energía de su cuerpo.

Los colores están en el mismo orden que el arco iris, comenzando con rojo y siguiendo el espectro hasta el púrpura. Primero está el rojo en el chakra de la raíz, asociado con la tierra y el suelo. Lo siguiente es naranja para sacro, creatividad y deseo; amarillo para el plexo solar, obviamente el sol; verde para el corazón, de nuevo para la tierra, todos los seres vivos, especialmente aquellos que crecen de la tierra. Lo siguiente es azul claro para el chakra de la garganta, se refiere al sonido; índigo para el tercer ojo y la luz; y finalmente, púrpura para el chakra de la corona y la luz de la verdad.

En este punto, se acercará a la línea entre la conciencia y la inconsciencia. Esto también se conoce como un estado hipnagógico, es decir, entre estar despierto y estar dormido. Puede sentirse como si hubiera sido hipnotizado, mientras que algunas personas dicen que se siente como soñar. Sin embargo, la diferencia a tener en cuenta es que usted tiene el control de lo que le sucede aquí. Las personas que están hipnotizadas o soñando no están despiertas ni al mando de sus pensamientos y acciones. La proyección astral es una tarea voluntaria, y eso es lo que necesita recordar cada vez que se sienta inseguro o asustado. Usted está despierto, quiere estar aquí y se está guiando a través del proceso. Gracias a la meditación y la respiración, usted está tranquilo, enfocado y preparado para el siguiente paso en el proceso.

Etapa vibracional

Ahora, una vez que esté bien metido en la respiración profunda y la meditación, debe sentir que su conciencia comienza a alterarse y, literalmente, puede sentir que su cuerpo está vibrando o moviéndose de alguna manera. Esto se denomina "etapa vibratoria", ya que los practicantes creen que lo que están sintiendo son las vibraciones reales de su alma. Este puede ser un sentimiento intenso, especialmente si es nuevo en la proyección astral, por lo que es importante mantener la calma, continuar respirando y mantener la mente despejada. ¡Nada malo le está pasando! Solo recuerde que desea sentir las vibraciones, ya que ese sentimiento significa que su viaje en la proyección astral es exitoso y está comenzando a separarse de su cuerpo. Continúe con la respiración y la meditación y ¡manténgase relajado! Pronto debería comenzar a disfrutar y a apreciar las vibraciones, y debería ser una experiencia placentera. También es una señal segura de que su energía espiritual es fuerte.

Es posible elevar su frecuencia vibratoria y aumentar esa conexión con el mundo espiritual. Definitivamente, esto es algo que nos interesa y, afortunadamente, las mejores técnicas que estamos implementando debido a nuestra mayor actividad espiritual. Para empezar, asegúrese de estar respirando con atención. Esto ayuda a comenzar el ajuste. Tómese un tiempo para tomar un descanso y cuídese. Piense realmente en sus sentimientos, ya que ignorarlos puede llevar a bloqueos espirituales que pueden impedir su progreso. Este no es el momento para que aplaste o ignore sus sentimientos. Especialmente si está pasando por mucho en su vida (y en realidad, ¿quién no?), Es crucial que aborde y maneje sus sentimientos a medida que ocurren. Solo siendo honestos con nosotros mismos podemos tener alguna esperanza de obtener un crecimiento espiritual y ser personas mejores y más felices. Finalmente, repita un mantra para ayudarle a cultivar amor y compasión. Seguir estos consejos nos permitirá comenzar a elevar nuestra frecuencia vibratoria, expandir aún más nuestra conciencia y permitirnos una mejor conexión con el mundo espiritual.

Si elige dedicar un tiempo extra para aumentar su frecuencia vibratoria con el fin de brindarle un mayor acceso al plano astral, existen algunas prácticas que puede seguir. Dado que cada persona está formada por cuatro niveles de energía (física, mental, emocional y espiritual), cada uno de los cuales debe tener un flujo vibratorio positivo, tiene sentido cuidarlos. Mucho de esto está cubierto en otra parte de este libro porque es un buen consejo y está comprobado que funciona. Rodéese de gente optimista y feliz. Lo bueno atrae a lo bueno, así que quiere tener tanta energía buena a su alrededor como sea posible. Coma una dieta saludable y equilibrada, sea consciente de sus pensamientos y del mundo que le rodea, medite, sea amable y agradecido. Y, es realmente una gran idea hacer ejercicio y hacer que su cuerpo se mueva. Un cuerpo sano es un cuerpo feliz, y su energía vibratoria responderá bien al aumento de los niveles de oxígeno. También tendrá más poder en su vida física y se encontrará moviéndose con determinación y confianza a través de sus días.

Visualizar el movimiento

En este punto de la proyección astral, permanecerá absolutamente quieto mientras usted se visualiza o se imagina, mientras se mueve.

Es importante recordar que el movimiento aquí no está en el mundo físico. Algunas personas recomiendan visualizar movimientos pequeños y repetitivos, como doblar el brazo o agacharse para tocarse los dedos de los pies. Permítase concentrarse en los detalles de lo que está "viendo" y "haciendo". Observe la sensación de aire que fluye contra su brazo cuando lo levanta de nuevo a un ángulo de 90 grados, o la leve aceleración de la cabeza que siente a medida que avanza. Doble su cuerpo hacia el suelo. El punto es hacer que la visualización sea lo más realista posible.

Una vez que domine los pequeños movimientos, estará listo para pasar a acciones visualizadas más grandes. Estos pueden incluir verse a sí mismo volando por el aire o disparado desde un cañón, incluso imaginándose a sí mismo literalmente saliendo de su cuerpo físico al trepar una cuerda. Nuevamente, es crucial tener en cuenta lo que usted está viendo. En lugar de simplemente notar que está volando, preste atención a cómo se ve el mundo desde su elevación más alta y cómo se siente su cuerpo, además de cualquier otra sensación que pueda notar. Mire hacia abajo y mírese en el estado de profunda relajación mientras se encuentra arriba. Debe trabajar para mantener su mente activa y comprometida en el proceso, o corre el riesgo de simplemente quedarse dormido y perderse la experiencia de la proyección astral.

Se ha demostrado que la visualización es una herramienta importante para el desarrollo personal, no solo en el reino astral, sino en el mundo físico. Puede ayudarle a alcanzar sus metas y a vivir la vida que desea, una de la que está emocionado y orgulloso. No solo puede hacerlo internamente, sino que también puede crear un tablero de visión (o sueño) para ayudarle a manifestar y atraer lo que desea. Estos pueden ser muy divertidos y una gran salida creativa. Estimular su lado creativo también puede ayudar a inspirar su frecuencia vibratoria. ¿No es fascinante lo interconectado que está todo?

La proyección astral

¡Ya está listo para comenzar la proyección astral! Para hacer esto, necesita separar su cuerpo astral de su cuerpo físico. Esto es bastante sencillo, pero requiere de toda su concentración y fe, así como su mente para hacerlo. Debe usar cualquier formato que funcione para usted. Algunas personas remueven una parte a la vez, comenzando con los dedos de los pies y avanzando por el cuerpo. Otros se visualizan tirando de una cuerda que cuelga sobre su cabeza; algunos se ven salir disparados desde un cañón hacia el reino astral. Es muy importante que crea en el método que elija; de lo contrario, es casi seguro que fracasará. Para los principiantes, se recomienda encarecidamente que elijan un método lento y deliberado para que la transición sea lo más suave y libre de miedo posible.

Una técnica popular para la proyección astral se conoce como los pasos de Monroe. Incluye siete pasos fáciles de seguir que guiarán su cuerpo astral para dejar su yo físico. Los siete pasos son:

    1. Primero, simplemente relaje su cuerpo y su mente.
    2. Relájese en el estado tipo trance de la "hipnagogia" (en algún lugar entre el sueño y estar despierto).
    3. Busque, dentro de sí mismo, los sentimientos de fortaleza y control mental, en lugar de los sentimientos del yo físico, para interactuar con su ser astral.
    4. Sea consciente del plano espiritual que vibra a su alrededor; se siente acogedor en lugar de amenazante.
    5. Entre y acepte el estado vibracional; su cuerpo astral se está preparando para unirse al plano astral.
    6. Concéntrese en salir del cuerpo físico hacia el reino astral, lentamente y con intención; sacará su ser espiritual, parte por parte, de su ser físico.
    7. Concluya el proceso guiando a su yo astral fuera de su cuerpo. Solo visualícese separándose, y así será.

Una vez que su cuerpo astral se separa de su cuerpo físico, debe tomarse unos minutos para simplemente apreciar lo que ha logrado.

Mire su cuerpo físico en reposo, donde lo dejó en el mundo físico, mientras su cuerpo astral se cierne sobre él en una dimensión diferente del tiempo y el espacio. Es realmente extraordinario que haya podido lograr tanto, ya que muchas personas no están preparadas para aventurarse tan lejos en el mundo espiritual. Esto también le permitirá sentirse cómodo estando separado de su cuerpo físico. Sepa que su cuerpo físico está completamente seguro y en paz mientras conduce su viaje espiritual. ¡Todavía está respirando, la sangre fluye, usted está VIVO! Aunque las personas que experimentan la proyección astral casi uniformemente reportan una experiencia positiva, todavía puede ser abrumadora. Debe permitirse tanto tiempo como necesite para adaptarse a este nuevo estado de ser. Sin embargo, es más probable que se sienta bien y esté demasiado emocionado como para estar cerca de su cuerpo físico por mucho tiempo. Ha logrado con éxito su objetivo. ¡Ahora es el momento de cosechar las recompensas!

En todo momento, debe centrarse en su lucidez. No puede dormirse, no importa qué tan relajado se sienta. Si usted es consciente de que está lúcido, le permitirá mantener el control de su experiencia, aumentará su disfrute y le ayudará a elevar su conciencia aún más. Si se queda dormido, es probable que comience a tener un sueño lúcido, lo que básicamente significa que es consciente de lo que está soñando. No puede controlar sus acciones en los sueños (o los sueños en sí), por lo que es una experiencia diferente a la proyección astral.

Es importante tener en cuenta que no debe preocuparse por separarse permanentemente de su cuerpo físico. Existe una fuerte conexión psíquica que une el cuerpo astral con el físico. Algunas personas se refieren a él como un "cordón plateado". Es infinitamente largo y flexible, lo que le permite al practicante viajar tan lejos como desee. Pero también es absolutamente irrompible y sirve como un conductor permanente de regreso al cuerpo. Esperamos que este conocimiento le brinde aún más confianza y sentido de la aventura durante la proyección astral, ¡ya que es una garantía virtual de éxito!

Piense en ello como un cordón umbilical espiritual perfecto. Le da la máxima libertad junto con la máxima seguridad.

¡Ahora usted está oficialmente en el reino astral!

Para los principiantes, es muy recomendable que se mantenga dentro de los límites de su hogar. Comience deambulando por cualquier habitación en la que se encuentre, notando tantos detalles como pueda. Esos detalles pueden no corresponderse exactamente con lo que hay en la realidad, pero esto no es importante, ya que está experimentando un reino completamente diferente al que está acostumbrado. Luego comience a moverse de una habitación a otra, explorando hasta el contenido de su corazón. Si bien esto se considera una práctica de principiantes, se debe tener en cuenta que esto todavía está sucediendo en el reino astral. Esa es una afirmación sorprendente y, con suerte, evitará que los principiantes sientan que tienen que ir demasiado lejos, demasiado rápido. Intente sentirlo de un modo agradable y lento por primera vez y esté agradecido por lo que está experimentando.

Probablemente sentirá que no tiene peso, se sentirá soñador pero muy consciente, y es posible que se sienta algo inestable. Esto es absolutamente normal y es de esperar. A medida que adquiera más experiencia, estos sentimientos disminuirán y estará más seguro de cómo puede moverse. Nuevamente, darse tiempo para dominar su lugar en el mundo astral puede y debe ser divertido. Aquí puede caminar a través de las paredes, flotar como si no tuviera peso, moverse a través de diferentes dimensiones... la lista es infinita.

A medida que continúe con la proyección astral, descubrirá que realmente no hay límites. Puede explorar los rangos más lejanos del espacio exterior, todas las maravillas astrológicas, el sistema solar, el agujero negro, todo. Usted puede viajar a través de todo el tiempo, desde el Big Bang, a través de todos los diferentes períodos hasta el comienzo de la existencia humana. Experimente (de verdad) la antigua Grecia, el Renacimiento, la Guerra de la Independencia, cualquier cosa y todo hasta los tiempos modernos. Literalmente, nada está fuera de los límites o fuera del alcance. Encontrará una variedad infinita de otros seres, algunos familiares, otros completamente desconocidos. Lo más sorprendente es que conocerá a otras personas, como usted, que son turistas en el plano astral. En realidad, puede hacer nuevos amigos y compañeros de viaje, ¡solo que en un reino diferente al habitual!

Puede visitar diferentes civilizaciones y sociedades, multiversos, cada parte del planeta Tierra (desde las profundidades de los mares hasta los picos más altos de las montañas), ¡y quién sabe qué más! Esa es una de las partes mejores y más emocionantes de esto, que hay muchas cosas que se desconocen, pero que esperan ser descubiertas. ¡Disminuya hasta el tamaño microscópico y explore el interior del cuerpo humano, vea cómo es realmente el interior de una colmena, o sea el proverbial "volar en la pared" durante los momentos más conocidos de la humanidad en el pasado! Puede conocer a personajes famosos e históricos, contactar a sus seres queridos que han partido e interactuar con criaturas de diferentes especies. ¿Por qué no subir a los cielos en globos de aire caliente, sumergirse en las misteriosas profundidades del océano y cruzar el Ártico a pie?

Otra idea posible al aprender sobre la proyección astral es aprender más sobre la religión budista. El budismo y la proyección astral están fuertemente enfocados en el aumento de la conciencia. Hay una palabra en sánscrito, 'vijnana', que significa 'fuerza vital' o 'conciencia'. Esta palabra se encuentra en toda la literatura budista y se disecciona a través de numerosos niveles de estados conscientes. Existe una conexión fuerte entre la mente y el cuerpo en el budismo, que también la conecta con el reino astral. Es una religión interesante que tiene un sentido de espiritualidad. Ciertamente, no se requiere que ninguna fe religiosa deba involucrarse en el estudio de la proyección astral, pero definitivamente puede ser una consideración de muchas. Es solo otra herramienta en su caja de herramientas para el crecimiento espiritual.

No importa cómo se acerque a la proyección astral o qué espera obtener de ella, realmente puede llegar tan lejos como quiera con ella. Puede dominar todas las técnicas enumeradas aquí y avanzar en su práctica. Tal vez sentirá una conexión tan fuerte que comience a dar clases y guiar a las personas a través de sus propias proyecciones astrales. Definitivamente aprenderá cosas nuevas e inesperadas sobre usted y el universo, y tiene sentido que desee compartir este conocimiento con otras personas que le interesan. Hay muchas maneras en que usted puede hacer esto. Si lo desea, puede invitar a otras personas a que conozcan más sobre la proyección astral. O tal vez quiera ir en una dirección más general espiritual. Tal vez quiera comenzar una meditación, Tai Chi o clases de yoga en el trabajo durante el almuerzo para sus compañeros de trabajo. Esta puede ser una forma divertida y no amenazadora de compartir un momento tranquilo y meditativo sin profundizar demasiado en el lado espiritual de las cosas. Realmente es una buena idea desde el punto de vista de la salud y el bienestar. Muchos lugares de trabajo proporcionarán espacio para un entrenamiento o una actividad como esta, y los estudios han demostrado que los empleados sanos y bien equilibrados son más productivos. Eso, por supuesto, significa que lo mejor para la compañía es permitir y alentar estas actividades. También es una excelente manera de mantenerle conectado con el lado espiritual de las cosas, incluso cuando se encuentra lejos de casa. El hecho de que no esté disfrutando de un baño tranquilo o descansando en su espacio meditativo tranquilo en casa, no significa que deba olvidarse por completo de elevar su conciencia cuando está en el mundo físico. Puede profundizar sus amistades y hacer otras nuevas, al mismo tiempo que ayuda a estas personas y a usted mismo a mantener sus chakras claros y fluidos, elevando su conciencia y practicando el cuidado personal. Muchas de las técnicas aquí funcionan bien como ejercicios de vinculación con otras personas.

También puede ser una gran idea involucrar a sus hijos, si tiene alguno, en el crecimiento y desarrollo espiritual. Los jóvenes son naturalmente más abiertos de mente y menos cínicos que los adultos y, por lo tanto, normalmente tienen más posibilidades de acceder a sus lados místicos. Reserve un tiempo para practicar la meditación con sus hijos, tome una clase de yoga para padres e hijos, cualquier cosa es posible. Nuevamente, esto es extremadamente útil para usted y para el crecimiento espiritual de su hijo. También es una excelente manera de vincularse con su hijo mientras disfruta de una actividad divertida. Su hijo probablemente adoptará la nueva búsqueda espiritual de inmediato, con el sentido de asombro y logro de un niño. Esto puede llevar a los niños a ser increíblemente desarrollados y conocedores, compasivos y empáticos. Los niños que pueden crecer de esta manera espiritualmente consciente se convertirán en adultos amables y agradecidos, que están conectados con el mundo y quieren que sea un lugar mejor. A la larga, eso solo beneficiará a toda la humanidad y al planeta en el que vivimos. Y realmente no hay mejor momento para comenzar que ahora.

Capítulo 4: ¿Cómo puedo volar y qué hacer después?

Todas las cosas buenas deben llegar a su fin; desafortunadamente, eso también incluye la proyección astral. En algún momento, tendrá que regresar a su cuerpo físico en este mundo y reanudar su vida normal. Debe regresar a una abrumadora sensación de paz, amor y conciencia elevada. También es posible que se sienta cansado, abrumado y que necesite tiempo para procesar sus sentimientos sobre lo que acaba de experimentar. Todo esto es completamente normal y comprensible. Acaba de vivir algo que, mientras todos podemos hacerlo, no todos lo haremos. Puede ser demasiado para algunas personas. Lo que ha hecho es realmente especial.

Para regresar a su cuerpo físico, debe recordar el cordón plateado del que hablamos anteriormente, el cordón umbilical que conecta lo astral y lo físico. Ahora lo guiará de regreso a casa, permitiéndole volver a conectar su cuerpo astral con su alma. Al igual que con otros aspectos de la proyección astral, este reencuentro intencional será muy positivo y edificante.

Como mencionamos anteriormente, el cordón plateado puede estirarse infinitamente y llegar a ser completamente irrompible. Nunca se puede rasgar, cortar, enredar o quitar de ninguna manera. Siempre, siempre, siempre conectará el cuerpo astral y el cuerpo físico. Por lo tanto, al igual que "siguen el camino de ladrillos amarillos" en el Mago de Oz, seguirán el cordón plateado para regresar a casa. Realmente es tan fácil como eso. Dondequiera que esté en el reino astral, con quien sea que esté, haga lo que haga, su cordón de plata estará allí, actuando como el enlace entre usted en el mundo espiritual y su cuerpo físico.

Entonces, una vez que sea el momento de regresar a su cuerpo físico y finalizar la proyección astral, todo lo que tiene que hacer es agarrar su cordón plateado y volver a casa. Puede suceder instantáneamente, si así lo desea. Los conceptos de distancia, tiempo, etc. no tienen sentido y no tienen relación con el reino espiritual. Al igual que con el resto de sus viajes, puede decidir cómo desea volver. Puede chasquear los dedos y, voila, estará de vuelta en su cuerpo físico. Tal vez quiera verse a sí mismo siguiendo el cordón plateado como una cuerda guía o siguiendo un camino de migas de pan. Puede volar, tomar un globo aerostático o disparar desde un cañón; sin embargo, como se sienta más cómodo es el mejor método para su viaje de regreso. Solo guíese y haga que suceda.

También es una muy buena idea configurar un temporizador de algún tipo para recordarle cuándo es el momento de finalizar su sesión de proyección astral. A medida que las personas se involucran cada vez más con esta práctica, puede ser fácil perder la noción del tiempo, especialmente porque el tiempo, el espacio y la materia son irrelevantes en el ámbito espiritual. El tiempo que usted pasa fuera de su cuerpo puede parecer minutos, pero en realidad pueden ser horas o viceversa. Por supuesto, también es fundamental no gastar todo su tiempo en la proyección astral. Necesita tiempo para dormir, rejuvenecerse y simplemente vivir su vida física: comer, trabajar, hacer ejercicio, jugar, etc. Establecer una alarma suave y ligera para alertarle de que es hora de tomar el cordón plateado y comenzar a seguirlo. El hogar será de gran ayuda. También es comprensible si pone la alarma en reposo cuando lo alerte por primera vez; tómese los últimos minutos para completar el proyecto, la conversación o el viaje que está experimentando y luego siga el cordón plateado hasta su cuerpo físico. No debe ser ruidoso y discordante, como una alarma, sino algo como el canto, los gongs rítmicos o la música suave, cualquier cosa que pueda captar su atención en el mundo astral sin interrumpir su viaje.

Es muy probable que recupere la plena conciencia cuando regrese a su cuerpo físico. Desde luego, técnicamente no es un despertar porque no está dormido, pero esa es la descripción más sencilla de cómo es la sensación de volver. Es diferente de irse, lo que requiere más esfuerzo por su parte. Regresar es mucho más simple y más rápido. De repente, usted está de vuelta donde empezó.

Ahora es importante realizar una verificación del sistema en sí mismo y ver cómo se siente. Es muy probable que, al principio, esté vigorizado y un poco aturdido. Revitalizado porque acaba de alcanzar un objetivo que es verdaderamente espectacular y único. Aturdido por esas mismas razones, puede ser mucho para que lo procese cualquier persona. Su cuerpo también puede sentirse ligeramente rígido o sin usar, dependiendo de cuánto tiempo haya estado su proyección. Tómese unos minutos para familiarizarse con la sensación de estar de vuelta, volviendo a familiarizarse con su cuerpo y el mundo físico. Acepte los sentimientos que han regresado con usted del mundo astral. Debe conservar las sensaciones de conciencia elevada, amor y paz, que es, para muchas personas, la razón para comenzar la proyección astral en primer lugar.

Puede quedarse aquí por unos minutos para facilitar su viaje de regreso al mundo físico. Concéntrese en su respiración (practique la técnica 4-7-8), repita sus mantras y permanezca relajado. Querrá conservar los sentimientos positivos que trajo, ya que esto realmente marcará la diferencia en su vida cotidiana en el mundo físico. Un buen mantra aquí podría ser algo simple como "lo recordaré", lo que ayudará a decirle a su cerebro que desea conservar esta información. Ponga realmente atención al repetir la frase.

A muchos practicantes les resulta divertido y útil mantener un diario de proyección astral. El diario está recibiendo un mayor reconocimiento por sus beneficios, como aumentar la atención, mejorar la memoria y la comprensión, y fomentar una mayor autodisciplina. Hacer un registro después de la proyección astral ofrece todos estos beneficios, junto con la función vitalmente importante de ayudarle a recordar y procesar lo que experimentó en el reino espiritual. Tampoco tiene que preocuparse por esperar recordar todo, ya que está creando un registro que puede consultar cuando lo desee.

En una nota más técnica, cuando esté en el reino astral, sus experiencias están sucediendo en su cerebro "extra-físico". Las ideas aquí son transferir su experiencia desde allí a su cerebro físico. A medida que continúe con la proyección astral, se desarrollará constantemente sobre su conocimiento actual, elevando su conciencia a niveles aún más altos. Es casi como hacer una resolución de Año Nuevo, excepto que es mucho mejor. Es más probable que continúe con las lecciones, especialmente porque puede realizar proyectos astrales con la frecuencia que desee, ¡no una vez al año como el Año Nuevo!

Su crecimiento espiritual será notablemente acelerado por la transferencia de energía del mundo astral a este. No hay límites allí, por lo que su conciencia puede elevarse a alturas cada vez mayores en sus viajes. Esto es muy emocionante y transformador; debe ser algo que realmente disfrutará. Verá los beneficios en todas las áreas de su vida, otras relaciones, en su trabajo, en su nivel general de felicidad y en el disfrute de la vida. Las posibilidades son infinitas, al igual que los límites de lo que puede lograr a través de la proyección astral. Ni siquiera se está limitando por su propia imaginación y, sin estas restricciones, ciertamente puede hacer una gran diferencia.

Capítulo 5: ¿Cuál es la desventaja de la proyección astral?

Muchas partes de la proyección astral no solo son positivas, sino que son realmente especiales y puede ser fácil pensar que no hay inconvenientes en absoluto. Sin embargo, como con cualquier otra cosa, habrá aspectos de esto que son menos positivos que otros. Afortunadamente, todo esto está bajo nuestro control, y podemos asegurarnos de trabajar hacia soluciones constructivas.

Una es que usted puede involucrarse demasiado con su interés en el plano astral. Hay tanto sobre el viaje espiritual que es verdaderamente maravilloso y mejor que la vida en el ámbito físico que puede sentirse tentado a pasar una cantidad excesiva de tiempo viajando. Esto es claramente insalubre y debe evitarse. Siempre debe enfocar su tiempo y energía en el reino físico. No importa lo "mejor" que pueda parecer el mundo astral, el mundo físico es nuestra realidad. La vida aquí debe ser abrazada y vivida, no vista solo como el tiempo transcurrido entre los viajes astrales. Cualquier tipo de obsesión es mala, y un gran interés en la proyección astral no es diferente. No descuide las otras partes de su vida.

Otro inconveniente potencial es que puede enfocarse solo en sus relaciones con otros devotos de viajes astrales, a menudo en línea, en detrimento de las relaciones con las personas en su mundo real. Si bien las relaciones en línea con otros entusiastas de la proyección astral pueden ser muy importantes y gratificantes, son solo una parte de una vida sana y completa, y no deben centrarse exclusivamente en ellas. Asegúrese de pasar tiempo con amigos y familiares. Salir, participar en pasatiempos y otras diversiones. Viajar y experimentar la vida. Si bien la proyección astral puede ser una parte importante de su viaje espiritual y de la vida en general, debe complementar su vida, no abrumarla.

Desafortunadamente, algunas personas en su vida no apoyarán su interés en el mundo espiritual. Algunas personas pueden incluso burlarse de ello y ser francamente insultantes. Puede ser terriblemente difícil mantener relaciones positivas con personas como estas, sin importar cuánto tiempo lleve conociéndolas y lo importante que es la relación. Quién sabe cuál es la motivación para menospreciar algo que significa mucho para otra persona, pero eso no importa en lo que a usted respecta. Probablemente será más fácil simplemente no hablar sobre su interés en la proyección astral, aunque pueda sentir que esto es injusto. ¿Por qué debería usted prohibirse compartir algo que le apasiona, solo por la negatividad de otra persona? Esa es una decisión que tendrá que tomar usted mismo. ¿Puede tener a alguien en su vida que le haga sentir de esa manera? Irónicamente, su crecimiento espiritual puede ser lo que le permita superar estos sentimientos. Desarrollará mayor compasión y empatía, que son las características que le permiten tratar con personas difíciles en su vida. Es muy posible que se eleve por encima de este obstáculo, que trate a estas personas con amor bondadoso y continúe persiguiendo la proyección astral. O puede decidir que no vale la pena estar cerca de la negatividad y de aquello que alienta la duda. En ese caso, debe quitar a esa persona de su vida, reconociendo que esto probablemente será doloroso.

Las creencias religiosas pueden interponerse en el camino de una proyección astral exitosa, ya que puede ser difícil reconciliar la fe y un interés en lo paranormal. La apertura mental es el equilibrio más importante para este conocimiento. Es posible que una persona sea religiosa y un viajero en el ámbito espiritual, si así lo desean. Mientras la persona sea honesta consigo misma y abierta a lo que significan estos diferentes aspectos de la vida y el crecimiento, definitivamente hay espacio para ambos conjuntos de creencias en una vida equilibrada. Puede haber alguna indicación de que algunos aspectos de las experiencias extracorpóreas están referenciados en tradiciones religiosas, incluido el budismo y algunas interpretaciones bíblicas. Eso podría ser un consuelo para las personas que buscan reconciliar dos cosas que parecen tan diferentes.

Vale la pena recordar aquí que no puede perderse en el mundo espiritual, no puede estar herido o enfermo, no puede herir a nadie y no puede tener ningún impacto en los eventos o las personas en el mundo físico. En otras palabras, ¡lo que sucede en el reino astral, permanece en el reino astral!

Se pregunta si puede ser poseído por un demonio o ser herido por algún tipo de espíritu negativo. No, no tiene que preocuparse por que un demonio se apodere de su cuerpo y le haga hacer cosas horribles bajo su influencia. En cuanto a lo otro, es posible que se encuentre con seres o espíritus que no tienen intenciones positivas. Si bien puede encontrarlos, no tendrán ningún poder para influir en usted o en sus acciones porque usted tiene el control de lo que hace. Si usted pretendía entrar en el reino astral con intenciones negativas, no funcionaría de todos modos.

Algunas personas tienen dificultades repetidas para permanecer en un estado hipnagógico. Se encuentran tan relajados que se duermen. La experiencia luego se mueve hacia el reino de los sueños lúcidos, en lugar de la proyección astral.

El sueño lúcido es un concepto interesante que puede y debe ser explorado por aquellos interesados en lo paranormal. Cuando está soñando lúcidamente, está dormido, pero se da cuenta de que está soñando. Si se encuentra moviéndose entre la proyección astral y los sueños lúcidos, debe aceptar ambas experiencias. Uno de los beneficios de los sueños lúcidos es que puede referirse a una serie de interpretaciones de sueños que pueden ayudarle a explicar lo que está experimentando en sus sueños y lo que significa en su vida real. No hay un intérprete similar para la proyección astral, así que esto es algo que funciona a favor de los sueños lúcidos.

Si bien la proyección astral es excelente y la mayoría de las personas que usted conoce también lo son, debe tener en cuenta que corre el riesgo de ser estafado. Ya que no hay, ni puede haber ningún tipo de prueba o evidencia, las personas sin escrúpulos pueden intentar aprovecharse para obtener ganancias financieras. Pueden afirmar que son una guía para el reino astral, pueden ofrecer productos o servicios, y pueden servir como un enlace de comunicación con personas del otro lado. Algunas personas pueden ofrecer este conocimiento, mientras que otras solo ven la oportunidad de hacer dinero rápido. La mejor y más efectiva manera de asegurarse de que las personas que afirman estar espiritualmente iluminadas son legítimas es hacer una investigación. Puede buscarlos en línea, hablar con otras personas y amigos y ver qué tipo de química tiene usted con estas personas. A menudo, su propio sexto sentido es un gran indicador de si algo es legítimo o si es incompleto. Además, preste atención a los comentarios en línea y lo que dice la gente. Si la percepción general parece ser que estos expertos espirituales no cumplen con lo que prometen, confíe en lo que dicen las opiniones, a menos que parezca que las opiniones tienen algo que ver con el tema o algún otro interés que no sea la honestidad y el servicio comunitario. Las evaluaciones en línea son una excelente manera de descubrir la verdad y si las guías pueden brindarle la orientación y la experiencia que prometen.

El principal riesgo de la proyección astral es simplemente el miedo a lo desconocido. Una vez que esos temores se enfrentan y se abordan, ganamos control sobre ellos y se disipan. Meditación, respiración, mantras, visualización: todas estas técnicas contribuyen a una preparación, entrada, viaje y regreso sin problemas.

Capítulo 6: Preguntas frecuentes sobre la proyección astral

¿Cuánto tiempo lleva al Proyecto Astral?

Si bien algunas personas tienen experiencias extracorpóreas impulsivas o involuntarias, para la mayoría de las personas, llevará algún tiempo lograr el viaje. Si eso se debe a una función espiritual elevada o alguna otra explicación, en realidad no importa. Como hemos discutido, es inteligente tomarse un tiempo y prepararse para viajar al reino astral. Sin embargo, no existe una guía establecida para cuánto tiempo debe invertir en la preparación, el viaje y el reingreso, y la recuperación.

Todos tenemos una aventura completamente única con proyección astral, y esto incluye la cantidad de tiempo invertido. Puede estar tan emocionado y entusiasmado que decide comenzar con solo unas pocas horas de preparación. Otros pueden adoptar un enfoque más cauteloso y pasar más tiempo investigando y hablando con otras personas antes de comenzar. Sin embargo, tanto tiempo como sea necesario para que se sienta más cómodo y seguro es cuánto tiempo debe dedicar a la preparación.

En cuanto a la duración de la proyección astral en sí, la respuesta probablemente debería ser inferior a 30 minutos para los principiantes. Es tiempo suficiente para meditar en el estado vibracional, separarse del cuerpo físico, entrar y viajar a través del plano astral y regresar. Además, recuerde que 30 minutos en el tiempo de la Tierra puede ser un tiempo ilimitado en el reino espiritual. Nunca se sentirá apresurado o como si no tuviera suficiente tiempo para hacer todo lo que quiere hacer. Recuerde configurar una alarma para recordarle que termine sus viajes y regrese a la vida real. A medida que continúe desarrollándose, puede tardar más o menos tiempo, y puede ajustar su programa de acuerdo con ello.

¿Necesito protegerme de alguna manera?

Realmente no hay nada que temer en el plano astral o en sus viajes, por lo que le recomendamos que se prepare a través de todas las técnicas mencionadas aquí, y no se preocupe por protegerse. Usted estará bien.

¿Cómo puedo saber si funcionó?

No hay una lista de verificación que pueda analizar para determinar si logró un viaje espiritual. Sin embargo, lo que puede hacer es sentarse y relajarse, revivir su experiencia y ver cómo se siente al respecto. Uno de los principales determinantes del éxito es qué tan positivo se siente con respecto a lo que ocurrió. En otras palabras, si usted siente que viajó con éxito al reino astral y cumplió lo que esperaba, ¡entonces debe considerar que es una victoria!

Usted puede sentirse bien con sus viajes si alcanza el estado vibracional y se siente conectado con el mundo espiritual. Tal vez incluso siente que pudo elevar su conciencia. El estado vibracional es una medida especialmente buena, ya que indica un aumento en los niveles de conciencia y algo que simplemente no sucede durante el curso de la vida normal y cotidiana. Usted sentirá su energía espiritual a medida que fluye a través de su cuerpo, y debería sentirse más fuerte y más presente de lo normal. Como acaba de pasar un tiempo en el plano astral, es lógico que sus fuerzas espirituales estén mejoradas. Este será un sentimiento tremendo que, con suerte, puede aprovechar y que permanecerá con usted a lo largo del día.

¿Estoy loco por creer en la proyección astral?

En una palabra...no.

Hay tanto en este mundo y en la experiencia humana que parece inexplicable por medios "racionales". Desde el principio de los tiempos, ha tenido sentido para millones de personas investigar el reino espiritual para el crecimiento personal y aprender más sobre lo que significa ser humano. Si bien el viaje extracorpóreo no se ha demostrado científicamente, y hay mucho que no se describe, es muy real para las personas que creen en él. Especialmente teniendo en cuenta que realmente no hay inconvenientes para viajar a través del reino astral. Es una de las únicas experiencias verdaderamente positivas que podemos tener. Cada vez más personas expresan un interés en el mundo espiritual y encontrar una comunidad creciente de personas con ideas afines debería ser una cosa muy positiva en su vida.

No he sido capaz de lograr la proyección astral ¿Qué puedo hacer?

Es posible que esté pensando demasiado en el tema y se esté esforzando demasiado. Puede estar tan obsesionado con experimentar el mundo espiritual que es incapaz de alcanzar su meta. Intente relajarse en una habitación oscura y tranquila y simplemente respirar. Deje ir todo lo demás y solo respire. Esto le ayudará a mantenerse concentrado y tranquilo. Es muy posible que simplemente eliminando todas las distracciones y concentrándose en la respiración, pueda lograr el estado hipnagógico y luego el plano astral.

Si está interesado en una mayor experiencia espiritual, puede investigar cómo limpiar sus chakras. Los chakras son el centro de energía del cuerpo y actúan como combustible místico para el cuerpo astral. Pueden bloquearse por varios motivos, incluidos traumas pasados o dudas personales. Despejar los chakras puede ser muy curativo y catártico, y por supuesto, los beneficios se extenderán tanto al mundo físico como al astral.

Para limpiar sus chakras, se recomienda que:

- Pase tiempo en la naturaleza, divirtiéndose en el océano, las montañas o en un río. Incluso puede significar simplemente salir a caminar si eso es todo lo que está disponible para usted. El sol y el aire fresco son curanderos notoriamente poderosos.
- Tome un baño caliente y de limpieza.
- Levántese temprano y pase un rato tranquilo antes de que comience la locura del día.
- Intente hacer yoga, ya que es conocido por su enfoque en la concentración.
- Si puede, pase tiempo con una mascota. La vinculación con un amigo peludo puede ser un gran reductor de estrés.
- Escriba en un diario sobre las tensiones que está experimentando, así como las cosas buenas que están sucediendo.
- Medite y concéntrese en elevar su conciencia. Pase tiempo haciendo meditaciones rápidas de cinco minutos cada vez que tenga tiempo y espacio. También siga meditaciones guiadas más largas que se centren específicamente en el flujo de energía positiva y en la limpieza de sus chakras.

Seguir estas sugerencias ayudará a despejar y equilibrar sus chakras. Una vez que sus chakras estén en un mejor estado, su fuerza de energía fluirá libremente y se eliminará una fuente importante de resistencia a la proyección astral.

¿Es posible cambiar de cuerpo con otra persona?

No, esto no es algo con lo que estemos familiarizados. Suena como si fuera imposible, ya que el objetivo de un viaje astral es que usted mantenga el control de sí mismo todo el tiempo.

¿Hay alguna droga o sustancia que pueda tomar para ayudar con la proyección astral?

No se recomienda el uso de materiales que alteren la mente para viajar a través del reino espiritual. Si bien hay algunos tipos de drogas alucinógenas y de otros tipos que parecen ofrecer experiencias similares, debe controlarse a sí mismo para poder realizar un proyecto astral. Por el mismo hecho de tomar drogas, por definición está renunciando a su autocontrol. ¿Cómo sabrá si su excursión fue un verdadero viaje a través del mundo espiritual o simplemente un viaje? Las sustancias ilícitas pueden actuar para bloquear sus chakras y complicar aún más el problema. Tomar drogas, incluso si está destinado a aumentar su experiencia astral, realmente bloquea toda la operación y debe evitarse.

¿Son las experiencias cercanas a la muerte un tipo de proyección astral?

Sí. La diferencia entre la proyección astral y la experiencia cercana a la muerte es que la primera es voluntaria y la segunda no. La gente emprende la proyección astral para el crecimiento espiritual y la diversión. Durante una experiencia cercana a la muerte, una persona está realmente en proceso de morir. El espíritu, que es la fuerza vital, se separa del cuerpo y pasa al otro lado, comenzando el viaje de la vida a la muerte. A menudo implica atravesar un largo pasillo hacia una luz blanca, que se entiende como el lugar donde ocurre la muerte. Incluso pueden ver su vida pasar ante sus ojos, haciendo balance antes del final. La vida de la persona se salva y regresa del mundo astral a su cuerpo físico. Durante una experiencia cercana a la muerte, la persona no tiene el control de su experiencia.

¿Cuándo es el mejor momento para la proyección astral?

Es muy importante no proyectarse astralmente durante la noche o demasiado cerca de la hora de acostarse. Hay demasiado riesgo de que se duerma y se pierda la experiencia. Si bien parece lógico que sea más fácil justo antes de acostarse, la evidencia muestra que no es así. Muchas personas informan que lo más fácil es a primera hora de la mañana, tal vez porque es el más cercano al estado hipnagógico y porque todavía se está despertando. Sin embargo, eso no es factible para todos, ya sea por compromisos familiares o laborales, por lo que depende de sus preferencias individuales. Casi siempre que tenga el tiempo y el espacio físico disponible para la proyección astral es la mejor opción para usted. Si eso es apoyado o criticado por alguien más es irrelevante.

Conclusión

Gracias por llegar hasta el final de *Proyección astral: ¡Desvele los secretos del viaje astral y tenga una experiencia voluntaria extracorpórea, que incluye consejos para ingresar al plano astral y cambiar hacia la Conciencia Superior!* Esperamos que este libro haya sido informativo y capaz de proporcionarle todas las herramientas que necesita para alcanzar sus objetivos, sin importar cuáles sean.

¡El siguiente paso es ocuparse de la proyección astral! No hay razón para esperar, ya que usted puede comenzar a trabajar en su ser espiritual de inmediato. Trabaje en su energía vibratoria y eleve su conciencia. Comience por disminuir la velocidad, respire con atención y establezca un espacio de meditación. Si realmente está interesado y emocionado por explorar, puede comenzar su viaje hacia el mundo astral esta misma noche. Sin embargo, como señalamos, no está de más detenerse y tomarse su tiempo para prepararse. Cuanto más conocimiento y autoconciencia traiga a la proyección astral, más confianza tendrá, y como resultado su experiencia será más exitosa.

También se incluyen en este tomo algunas técnicas diferentes de autocuidado. Estas ofrecerán beneficios tanto en el reino astral como en el físico. Su vida puede ser mejorada de muchas maneras diferentes. Realmente usted puede empezar a vivir la vida que desea. El cielo (y más allá) es el límite, ¡no se detenga una vez que empiece!

Finalmente, si encuentra que este libro le ha sido útil de alguna manera, ¡siempre se agradecerá una opinión o sugerencia en Amazon!

www.ingramcontent.com/pod-product-compliance
Lightning Source LLC
Chambersburg PA
CBHW030135100526
44591CB00009B/664